Ny Tsididy Bitika
Bitika the mouse lemur

Written by Alison Jolly
Illustrated by Deborah Ross
Malagasy text by
Hantanirina Rasamimanana
Designed by Melanie Kirchner

Mbola nihirina ny mason'i Bitika tamin'izy vao teraka. Tiany tokoa ny hafanan'ny volon-dreniny, ny hafanan'ny fofonainy ary ny hafanan'ny rononony. Nitombo Bitika.

Bitika was born with her eyes closed. She loved her mother's warm fur and warm smell and warm milk.
Bitika grew bigger. Her eyes opened.

Nisokatra ny masony.
TSIDIDIN'I MADAMA BERTHE,
ilay gidro kely indrindra eran'i
Madagasikara no reniny.

Boribory vita amin'ny ravina sy
rantsan-kazo ny tranon-tsididy
hipetrahan-dry zareo.
Indraindray mivoaka amin'ny lavaka
kely ny reniny ary atelin'ny alina any.

Her mother was a
MADAME BERTHE'S MOUSELEMUR,
the smallest kind of lemur in all Madagascar.
They lived in a ball-shaped nest of twigs and leaves.
Her mother sometimes went out of a hole and
disappeared into the night.

Nitombo habe ihany i Bitika. Navoakany tamin'ilay lavaka ny lohany. Hitany ilay ala mevan'i Menabe, andrefan'i Madagasikara, misy baobaba goavam-be milanja lanitra! Renala no iantsoana azy ireo.

Bitika grew bigger. She put her head out the hole.
She saw the wonderful forest of the Menabé in western Madagascar where huge baobab trees seem to hold up the sky.

The baobabs are called mothers-of-the-forest.

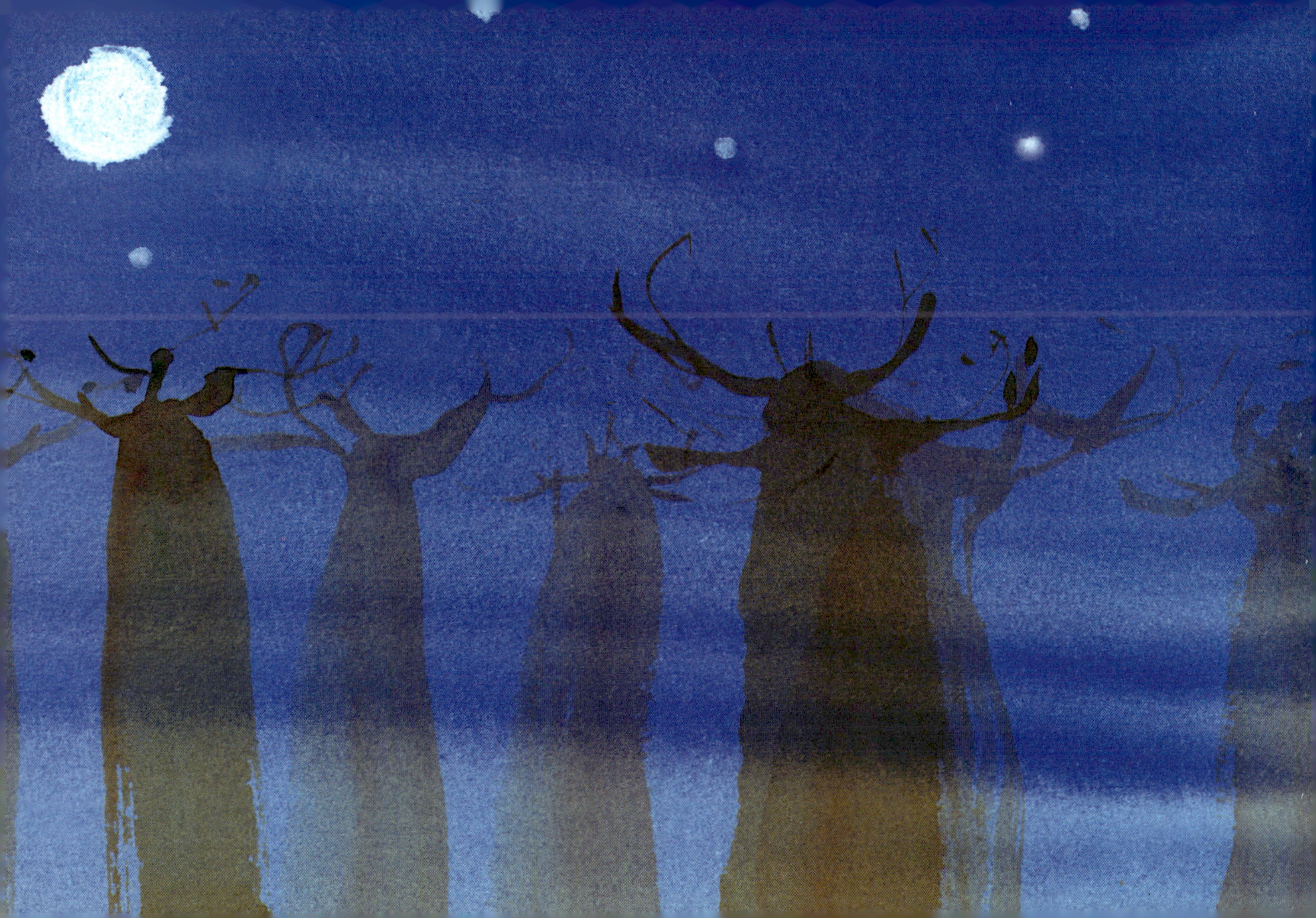

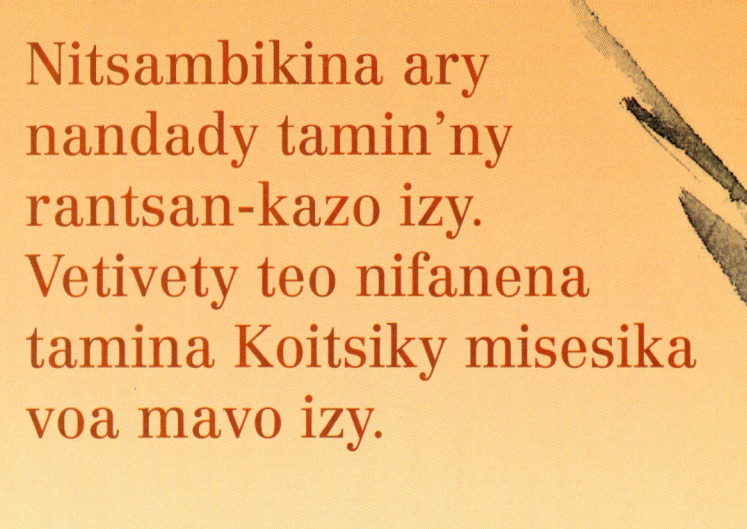

Nitsambikina ary nandady tamin'ny rantsan-kazo izy. Vetivety teo nifanena tamina Koitsiky misesika voa mavo izy.

Vaventy noho ny reniny ilay izy.

Nahatsapa tena ho kely I Bitika.

She hopped out and scrambled along a branch. Soon she met a grey mouselemur with its mouth full of a yellow berry.

It was much bigger than her mother.

Bitika felt small.

Then she met a dwarf lemur.
It was very hungry because it had
woken up from sleeping through eight
months of dry winter.

It grabbed a praying mantis
and crunched it up.

Tojo Matavirambo indray izy. Noana be ity farany, vao avy nifoha tamin'ny torimason-dririnina nandritra ny valo volana mantsy izy.

Nisambotra famakiloha ilay izy ary nikepoka izany.

Nahatsiaro ho nihakely kokoa I Bitika.

Bitika felt smaller.

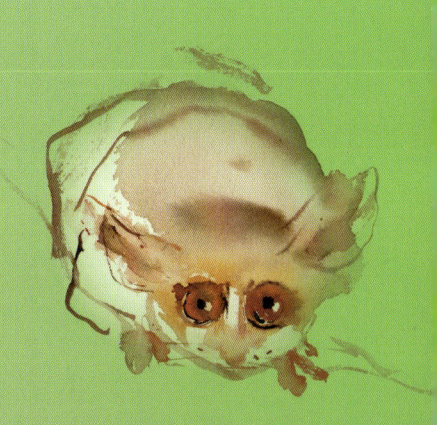

Nihaona tamina Tilitilivaha eo am-panorenana trano boribory tahaka ny azy indray i Bitika.

Tsy mba manangan-trano hay ny reniny fa mibodo ny an'ny Tilitilivaha! Vao mainka nihakely I Bitika!

Then she met a Mirza lemur. It was building a ball-shaped nest like Bitika's own home.

Her mother hadn't built their home nest: just borrowed it from a Mirza. Bitika felt smaller.

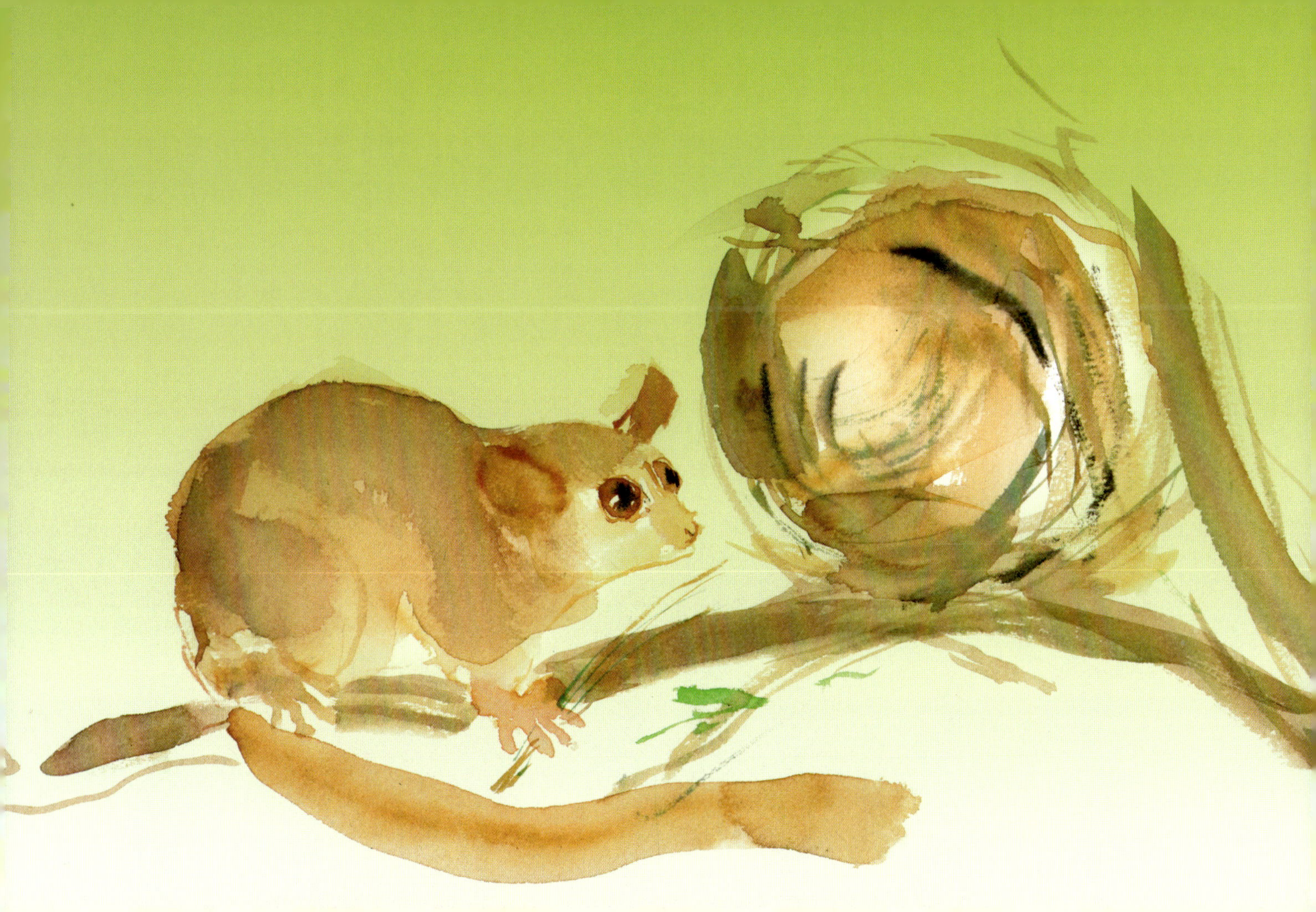

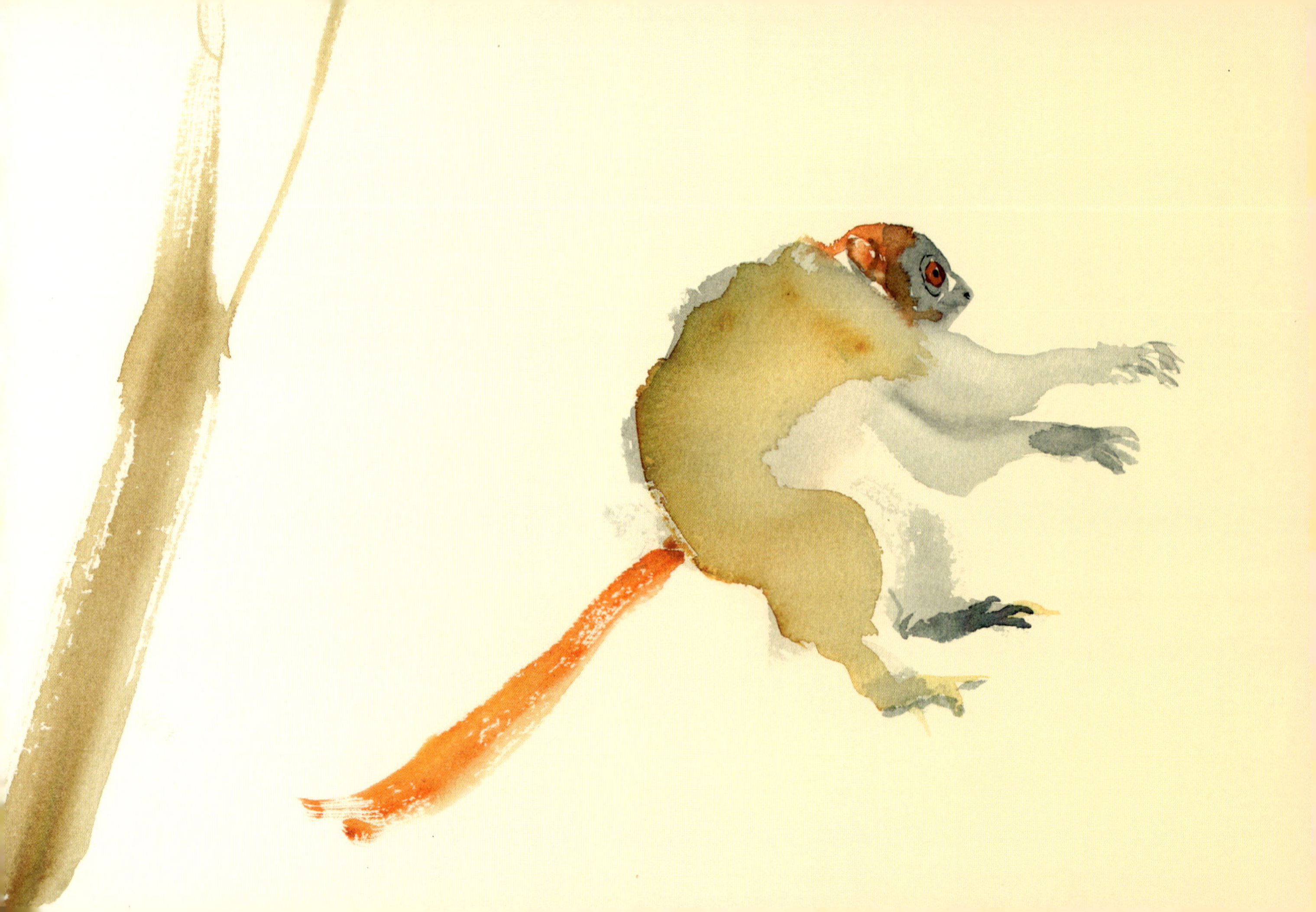

Nahita Songiky indray izy. Nitsambikina ambony be ilay izy, ohatra ny misy vy miaina ny tongony, dia nihodina teny ambony teny, dia niantsona tamin'ny hazo, ny lohany nitodika tany aoriany.
Tsy mahefa izany I Bitika!
Toa nihabitika ihany izy.

Then she met a lepilemur. It hopped backwards into the air as though its legs had springs, and turned around and landed with its face looking straight back over its shoulders.

Bitika couldn't do that.
Bitika felt smaller.

Nifanehatra tamina Tantana roa indray izy.
KRAK!KRAK! Nifampivazavaza ry zareo.
mafy be tahaka ny rantsan-kazo lehibe tapaka.
Nandositra I Bitika nahatsiaro tena ho nifintina ihany.

K-K-K-K-K-K-KSHAK!

KSHAK!

KSHAK! KSHAK!

Then she met two fork-marked lemurs.
KSHAK! KSHAK! they shouted at each other.
K-K-K-K-K-KSHAK! KSHAK! KSHAK!
as loud as a big branch breaking.
Bitika ran away feeling even smaller.

Tojo Sifaka telo mbola natory nitandahatra indray izy.
Tsy mahatratra ny haben'ny rantsan-tongotry ny iray akory ny haben'I Bitika!
Tsapany fa tena kiritika ny tenany.

Then she met three white sifaka sound asleep in a row. Bitika wasn't as big as one of their hind feet.
She felt very small indeed.

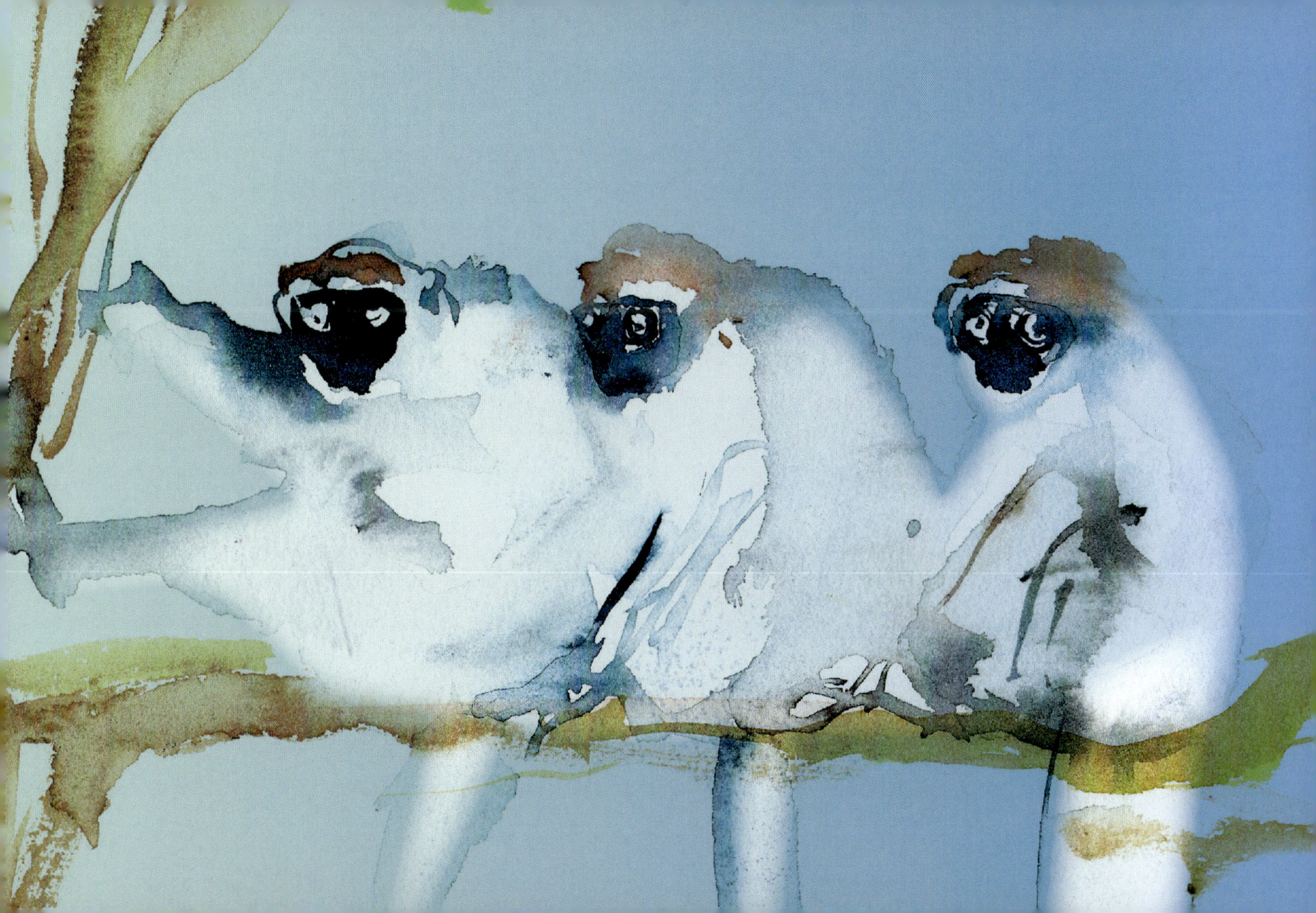

Nifanehatra tamina Varika folo izy, maivana ery ny fitsambikimbikiny eny ambony hazo.

Nibanjina an'I Bitika ny Varika vavy sy Varika lahy iray. Manahaka saron-tava miloko misy vangy maranitra mampatahotra be ireto endriny. Dia nahatsiaro tena ho teboka iray sy nanjavona mihitsy aza I Bitika.

Then she met ten red-fronted brown lemurs, fluid and floppy on the branches. A male and a female stared at Bitika. Their faces looked like like scary masks with sharp sharp teeth. Bitika felt so small she could almost disappear.

NENY!

Mother!

Nijery ambany hilelaka
Ny hanina tiany indrindra reniny:
siramamy fotsy avy amin'ny pindy.

Her mother was looking down to lick sweet white sugar from flower-mimic insects.

Sendra niandrandra I Bitika, NIKIAKA izy ary nihazakazaka, ka nilefa koa reniny

But Bitika looked up.
She SCREAMED and ran,
so her mother ran too.

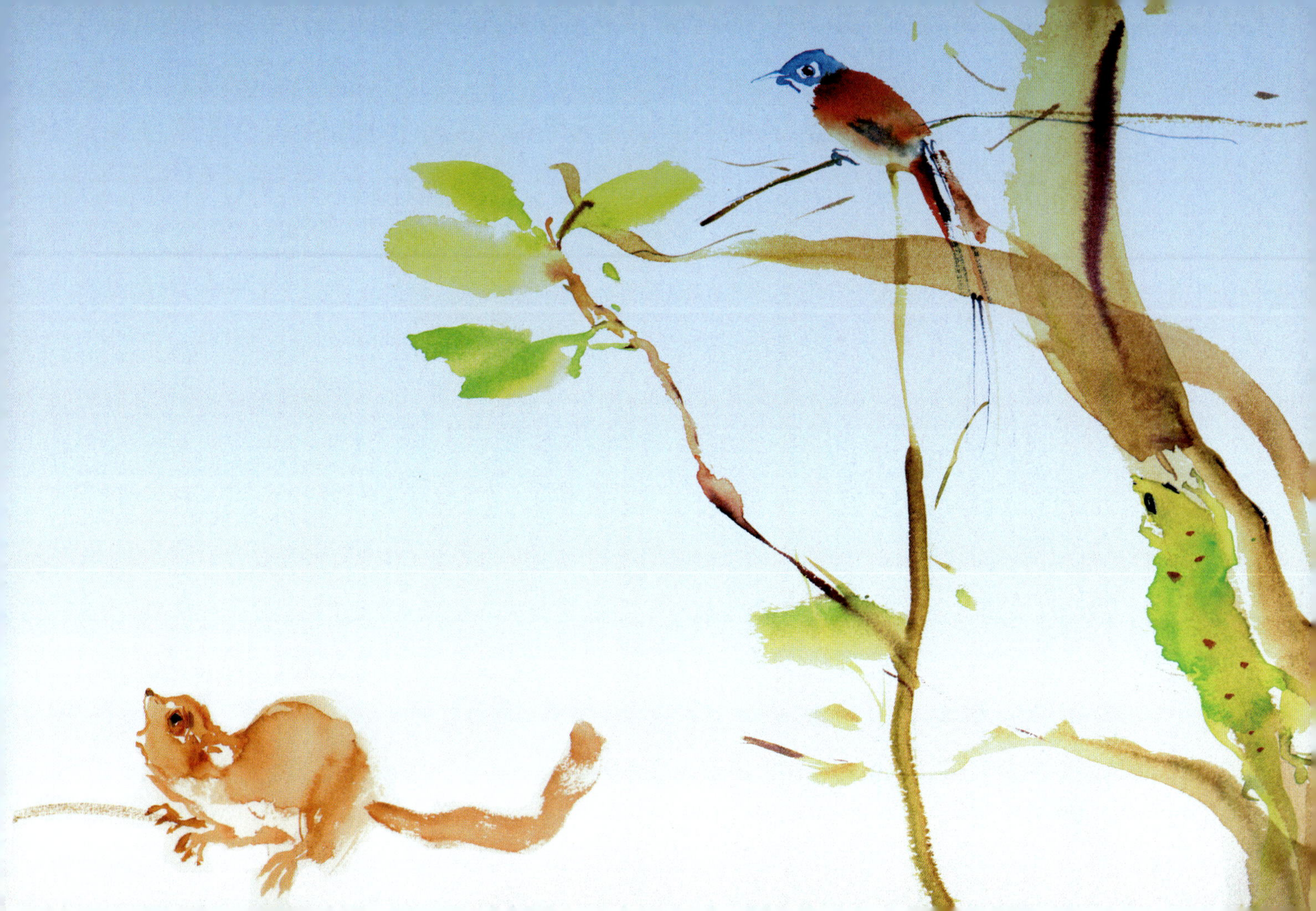

Izay efa saika azon'ilay Tararaka, tafaporitsaka anelanelan'ny hohon'ilay Tararaka ny rambony.

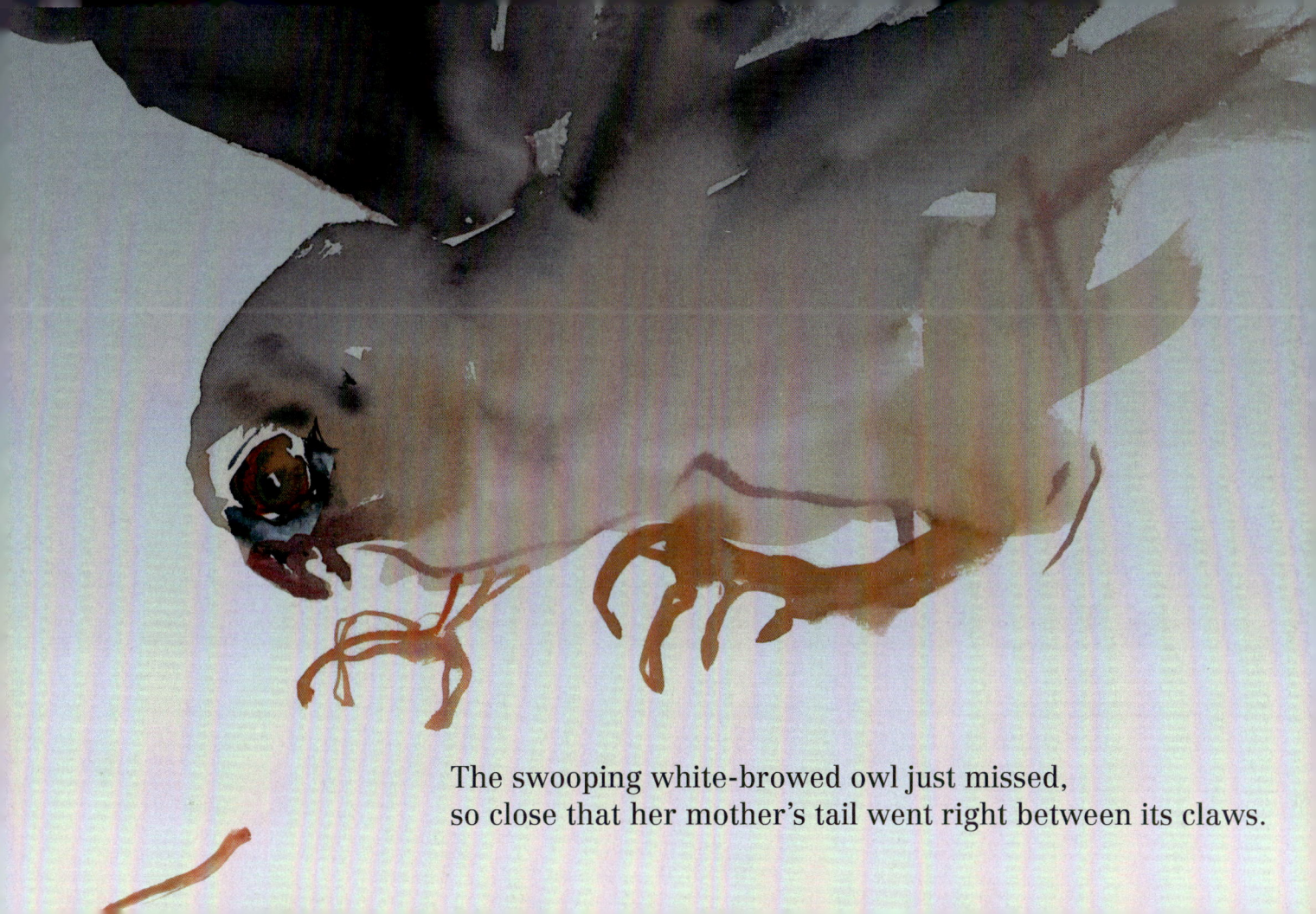

The swooping white-browed owl just missed,
so close that her mother's tail went right between its claws.

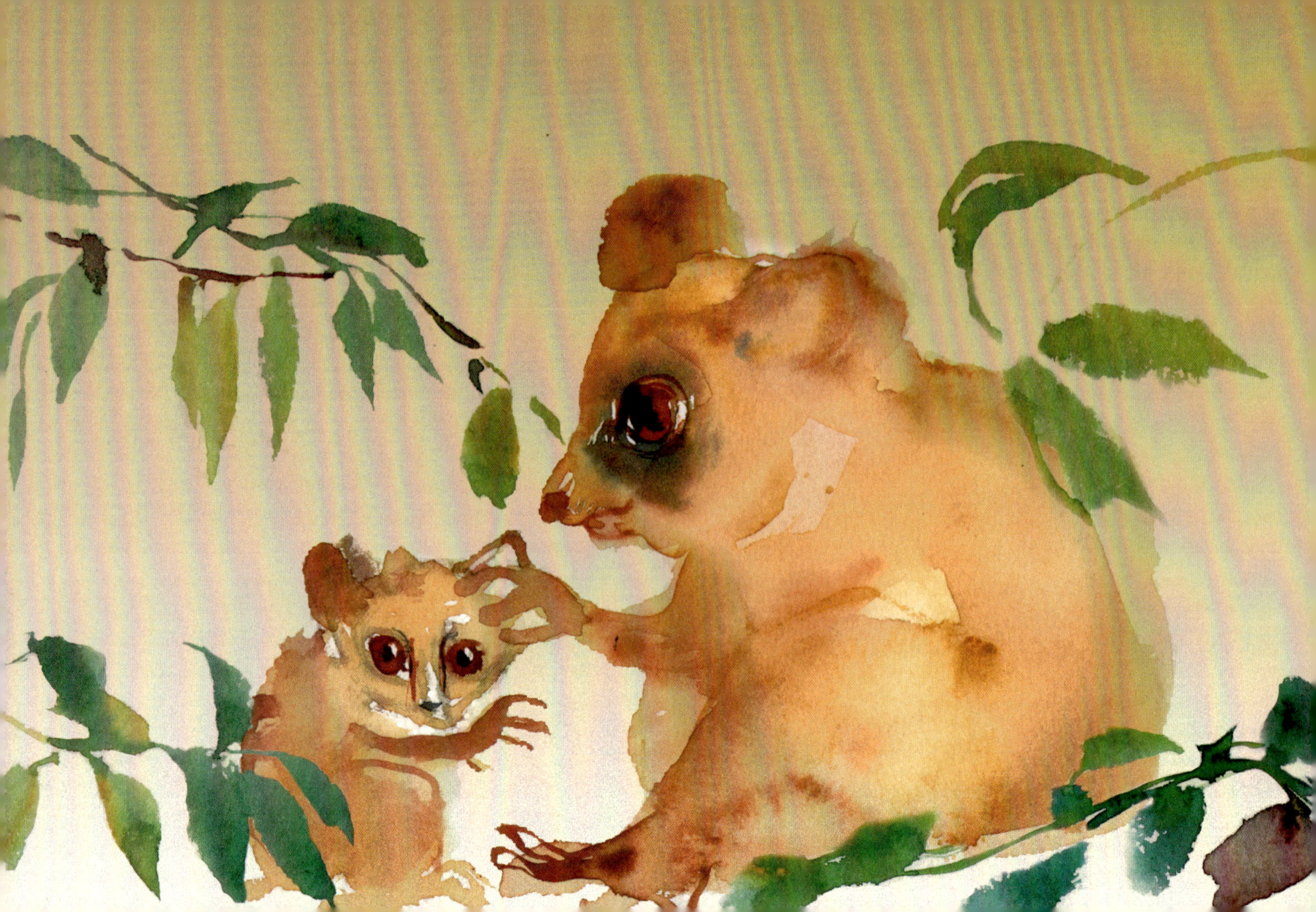

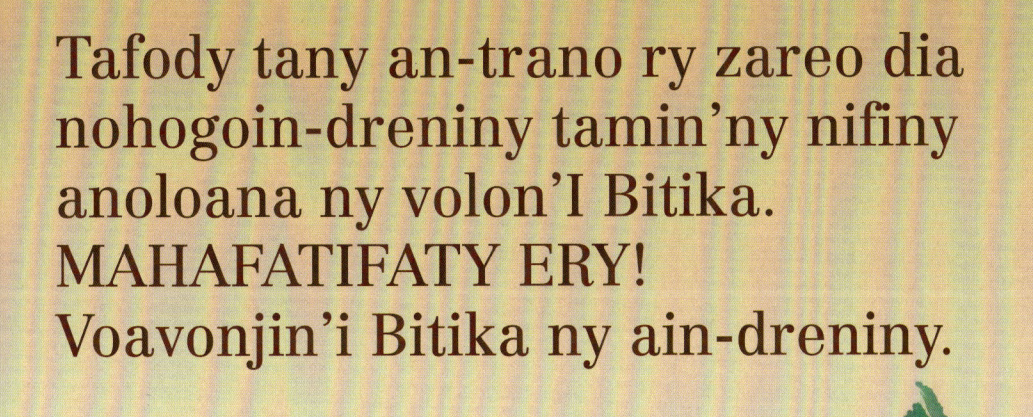

Tafody tany an-trano ry zareo dia nohogoin-dreniny tamin'ny nifiny anoloana ny volon'I Bitika.
MAHAFATIFATY ERY!
Voavonjin'i Bitika ny ain-dreniny.

Back in the nest, her mother combed Bitika all over with the toothcomb of all her lower front teeth. LOVELY. Bitika had saved her mother's life.

Tsapany ho ny gidro lehibe indrindra eran'i Madagasikara ny tenany!

She felt like the biggest lemur in all Madagascar.

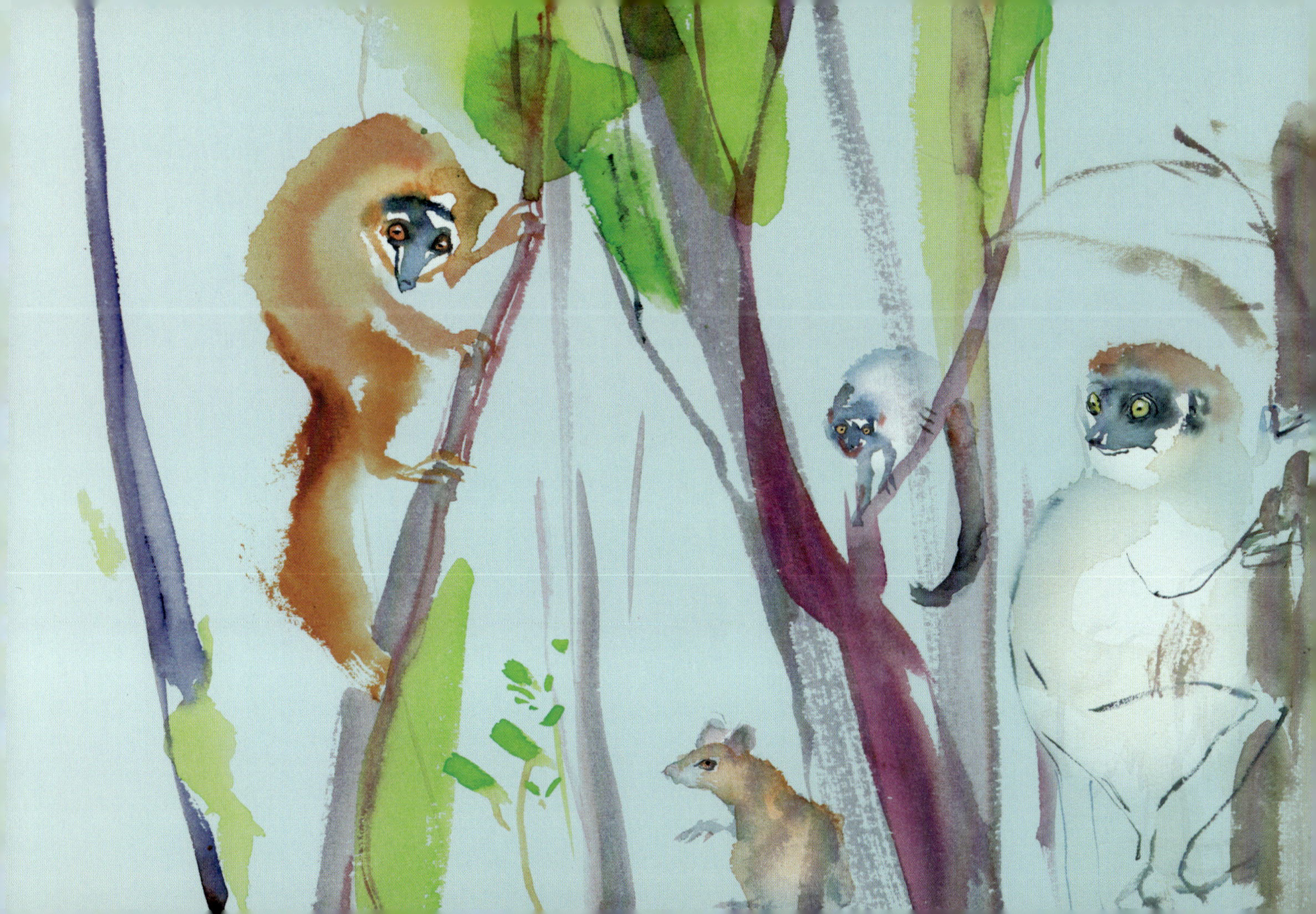

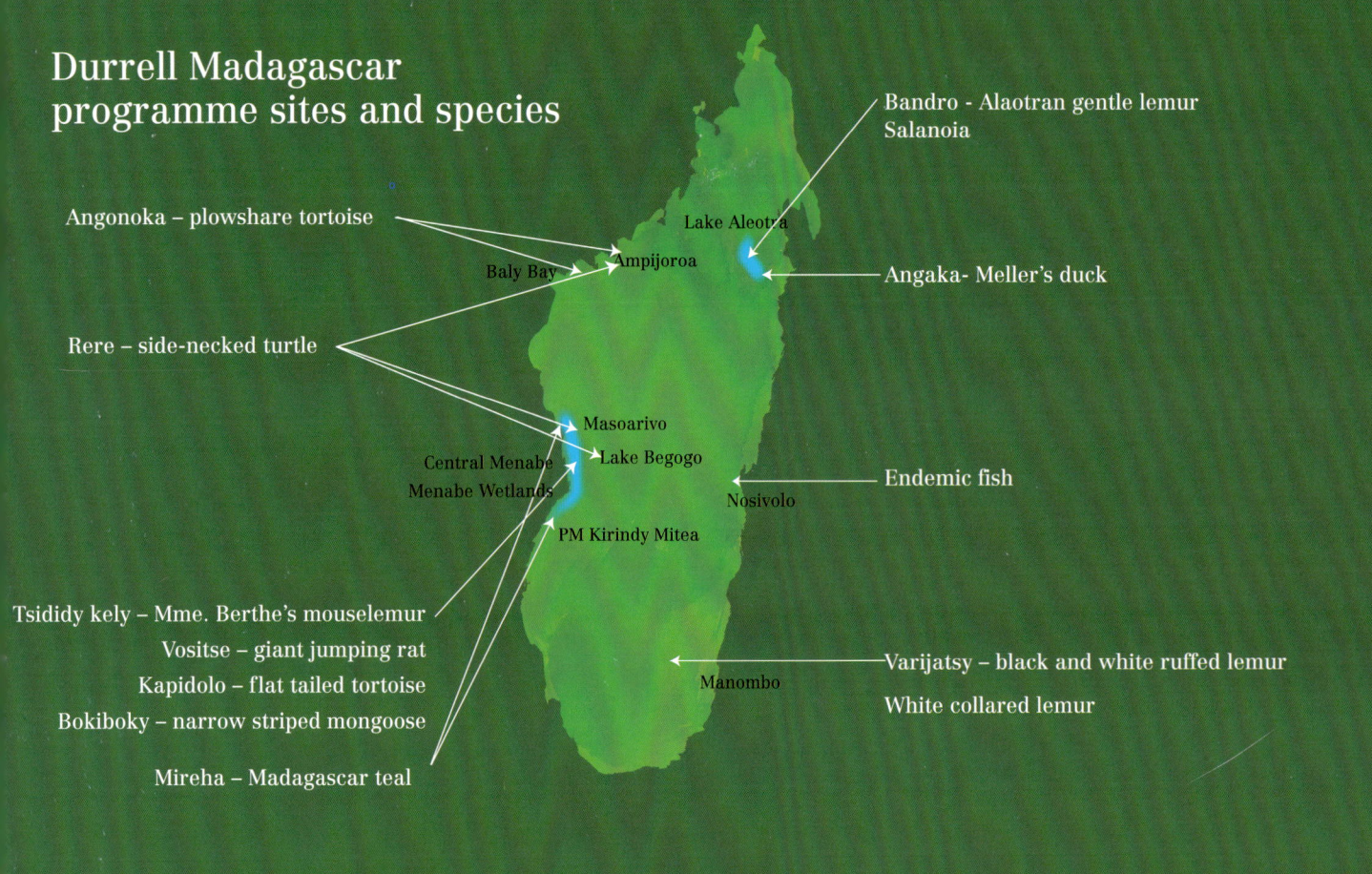

Durrell Madagascar programme sites and species

- Bandro - Alaotran gentle lemur
- Salanoia
- Lake Aleotra
- Angonoka – plowshare tortoise
- Ampijoroa
- Baly Bay
- Angaka - Meller's duck
- Rere – side-necked turtle
- Masoarivo
- Central Menabe
- Lake Begogo
- Menabe Wetlands
- Endemic fish
- Nosivolo
- PM Kirindy Mitea
- Tsididy kely – Mme. Berthe's mouselemur
- Vositse – giant jumping rat
- Kapidolo – flat tailed tortoise
- Bokiboky – narrow striped mongoose
- Manombo
- Varijatsy – black and white ruffed lemur
- White collared lemur
- Mireha – Madagascar teal